BEI GRIN MACHT SICH IHR WISSEN BEZAHLT

Bibliografische Information der Deutschen Nationalbibliothek:

Die Deutsche Bibliothek verzeichnet diese Publikation in der Deutschen National-
bibliografie; detaillierte bibliografische Daten sind im Internet über http://dnb.d-
nb.de/ abrufbar.

Impressum:

Copyright © 2013 GRIN Verlag, Open Publishing GmbH
Druck und Bindung: Books on Demand GmbH, Norderstedt Germany
ISBN: 9783668561380

Dieses Buch bei GRIN:

http://www.grin.com/de/e-book/377756/anthropomorphisierung-der-tiere-die-
uebertragung-menschlicher-eigenschaften

Anonym

Anthropomorphisierung der Tiere. Die Übertragung menschlicher Eigenschaften auf das Nichtmenschliche

GRIN Verlag

Otto-Friedrich-Universität Bamberg
Lehrstuhl für Europäische Ethnologie
Seminar: Mensch und Tier
WS 2012/13

17.01.2013

Zur Anthropomorphisierung der Tiere

(griech.: *anthropos* ‚Mensch' *morphē* ‚Gestalt')
Übertragung menschlicher Eigenschaften auf Nichtmenschliches

Gliederung

1. 1 Ausschluss der Tiere aus Liebesgemeinschaften

- Recht als *menschliches* Privileg (Hesiod, Platon)
- Aristoteles: *Mensch* als vernünftiges Wesen

    → Vernunft als Voraussetzung für Teilnahme an Rechtsgemeinschaft

    → Begründung von Pflichten gegenüber Tieren unmöglich

- *epimeleia* ↔ *philia*

- Thomas von Aquin: Liebe Gottes zu den Tieren „seiner Güte und unseres Nutzens wegen"
- Unvernunft der Tiere → Ausschluss aus christlicher Gnaden- und Erlösungsgemeinschaft
- Mensch als „Krone der Schöpfung", Ebenbild Gottes

↕

Menschen und Tiere in Solidargemeinschaft (Noah)

- Tiere im christlichen Mittelalter-

- Betonung des tierunfreundlichen biblischen Erbes: Hierarchie der Schöpfung, (Gen. 1,28), Reinheitsvorschriften
- Aspekt des Nutzens
- Dennoch enge Beziehung Mensch-Tier
- Zusprechen von rationalen Fähigkeiten: Erhebung von Anklagen, Vollstreckung von Todesurteilen

1.2 Einschluss der Tiere in die christliche Liebesgemeinschaft

- Reformation: Erinnerung an tierfreundliche Inhalte der Bibel
- Auseinandersetzung mit Automatentheorie (Descartes)
- Gottesebenbildlichkeit des Menschen → Verantwortung
- Diskussionen über Unsterblichkeit der Tiere

1.3 Steigender Stellenwert von Tieren

- Einfluss des Pietismus
- „Der Gerechte erbarmt sich seines Viehs; aber das Herz des Gottlosen ist unbarmherzig." (Sprüche 12,10)
- Nächstenliebe im Diesseits, Einschluss der Tiere!

→ Fürsorgeeinrichtungen für Menschen und Tiere, Gründung des ersten deutschen Tierschutzvereins 1836 (Albert Knapp)

2. Gründe für eine emotionale Beziehung zwischen Mensch und Tier
2.1 Biophilie-Hypothese

- Menschliches (Ur-)Bedürfnis nach Kontakt mit der Natur
- Ursprüngliche Abhängigkeit von der Überwachung der Pflanzen- und Tierwelt, um Überleben zu sichern

2.2 Du-Evidenz

- Heterotype Wechselbeziehung zwischen Mensch und Tier
- Du-Beziehung besonders mit sozialen Tieren, d.h. Tiere als Individuum, als „DU" wahrzunehmen und zu respektieren
- Ähnliche emotionale und soziale Grundbedürfnisse
- In Körpersprache und Ausdrucksformen mit Menschen vergleichbar, folglich verstehbar
- Gefühl der Partnerschaft
- Anbahnung der Beziehung meist durch den Menschen

2.3 Namensgebung

- Grundlage dafür, als Individuum mit Bedürfnissen und Rechten angesehen zu werden
- Zuschreibung von personalen Eigenschaften
- Konsequenz: besonderer Umgang mit dem Tier
- ➢ Tiere mit Namen bekommen mehr Zuneigung als namenlose Tiere

2.4 Kindchenschema

- Beziehungsstiftende Wirkung, Auslöser für Bemutterung
- Kindliche Merkmale (Tollpatschigkeit, große Augen, Stupsnase) → Beschützerinstinkt
- Instinktiv mildere und tolerantere Einstellung

3. Anthropomorphisierung heute
3.1 Vermenschlichung von Haustieren

- Vollkommendes Haushaltsmitglied mit Rechten
- Kind-/ Partnerersatz
- Schlafen auf Sofa/ im Bett
- Eigene Plätze mit Kratzbäumen, Hundedecken etc.
- Tierfriedhöfe
- Selbstgekochte Speisen, Dosenfutter an „Menschen-Gerichte" angelehnt, Weihnachtsmenüs/ Adventskalender für Hunde
- Kleidung für Hunde/ Katzen: Schuhe, Mäntel, Sonnenbrillen

- (Urlaubs-)Verpflegung: von einfachen Pensionen bis hin zum Luxushotel, Tiertagesstätten mit Kuschelzuwendung
- Kosmetik für Tiere: Hundefrisör, Maniküre, Haarefärben
- Verwöhnprogramme: Massage, Yoga für Hunde
- Erziehung: Hundeschule, „alternative" Trainingsmethoden
- Haustierhaltung in 60% aller Haushalte

Tierfriedhof Abb. 3:
http://www.tierfriedhof
-
allgaeu.de/Exklusivgra
ber/Tierfriedhof_Ex_6/
tierfriedhof_ex_6.html

Abbildung einer Katze
auf einer Urne Abb. 2:
http://www.anubistierb
estattungen.de/compon
ents/com_jshopping/fil
es/img_products/full_fc
ea5dd1f3ba32ae171a37
ae6c7d18c3.png

Tiersarg Abb. 4:
http://www.anubis-
tierbestattungen.de/pro
dukte-
urnen/product/view/5/8

Kopf eines
Schäferhunds in einer
Herzabbildung Abb. 5:
http://whitehttp://www.
anubis-
tierbestattungen.de/pro
dukte-
urnen/product/view/12/
306

Kritik

- Einwand gegen das Sehen des Tieres als Alter Ego
- Notwendigkeit der Ungleichheit Mensch – Tier: Mensch in Besitz eines „Ichs"
- Lebensumfeld in vielerlei Hinsicht ungeeignet für Tiere
- ➢ Überschreiten der Fähigkeiten
- Sprachunfähigkeit der Tiere → missverstandene Kommunikation, innerartliche Kommunikation unmöglich
- einerseits Herabsetzen bestimmter Tiere (als Fleisch-/ Leder-/ Pelzlieferant), andererseits extreme Hervorhebung auserwählter Tiergruppen

Ambivalentes Verhältnis zu Tieren

•Als Bräutigam verkleideter Hund Abb. 6: http://whitediary.de/wp-content/uploads/2009/06/bild-23.png

•Hausschweine im Stall Abb. 7: http://www.schwarzwaelder-bote.de/media.media.b02880f3-78c2-4ac3-ae8b-fbefc99567fb.normalized

•Tierversuch mit Katze Abb. 8: http://www.fotos.peta.de/details.php?image_id=1491&sessionid=3878e96f4c00f084509be428b2bc59f1

•Model im Pelzmantel Abb. 9: http://www.lagerverkaufsmode.de/wp-content/uploads/2009/09/jackwolfskin.gif

3.2 Medizinischer Sektor
3.2.1 Tiere als Patienten

- OPs für Tiere, spezielle Krankenversicherungen
- Physiotherapie, Chiropraktik
- Laufbänder
- Aquagymnastik
- Trainings-/ Diätpläne
- Spezielle Tiersportarten

3.2.2 Tiere als Therapeuten/ Helfer

- Unterstützung in Diagnostik, Therapie, Pflege, Kommunikation
- Förderung sozialer Integration aufgrund Förderung physischer, psychischer, mentaler & sozialer Bedürfnisse der Patienten
- Nachweisliche Verbesserung von Gesundheit und Wohlbefinden
- Tiergestütztes Helfen und Heilen als neue Stufe der Domestikation
- Blinden-/ Lawinen-/ Drogenspürhunde
- Nicht mehr nur für bestimmte Funktion im Dienste der Menschen ausgebildet, sondern durch bloße Existenz hilfreich
- ➤ Entstehen von Organisationen wie „Tiere helfen Menschen e.V." (seit 1987)

3.3 Tiere in der Werbung

3.3.1 Tiere als Markensymbol

•Markensymbol „Daniela Katzenberger" Abb. 10: http://www.unitednetworker.com/2012/02/26/daniela-katzenberger-

prasentiert-eigene-bad-accessoires/

•Markensymbol „Jack Wolfskin" Abb. 11: http://www.lagerverkaufsmode.de/wp-

content/uploads/2009/09/jackwolfskin.gif

•Markensymbol „Swarovski" Abb. 12: http://creativeoverflow.net/30-famous-animal-logos/

•Markensymbol „Alte Eule Antiquariat" Abb. 13: http://www.hgv-st-georgen.de/hgv-haas-alte-eule/alte-eule.gif

3.3.2 Tiere als Werbeträger

*   Tiere werben für Tierprodukte/ Tiere werben für Konsumgüter des Menschen

*   Nutzung der engen Beziehung zwischen Mensch und Tier (~ 23 Mio. Haustiere in D)
    *   → Faktor „Sympathie"
    *   → Faktor „Identifikation"
    *   → Faktor „Niedlichkeit"

Logo „Fruchttiger" Abb. 16:
http://www.firmenpresse.de/pressinfo237747.html

3.4 Extreme Tierliebe - Sodomie

Relief islamischer Sodomie Abb. 17:
http://www.kybeline.com/2008/08/09/islamische-sodomie/

Pierre Mignards Porträt der Madame de
Montespan (1675) Abb. 19:
http://www.kunstundkosmos.de/Bildende-
Kunst/Heidelberg-Gemaelde.html

Bildnis „Leda mit dem Schwan", Abb. 18
http://imalbum.aufeminin.com/album/D20081
113/489816_TWPQFCAZ32SF4LR48LWLH
3W8YSJC2N_leda-und-der-
schwan_H012553_L.jpg

- Christentum: Infragestellung der kulturellen Superiorität des Menschen, Angst vor Entstehung von Mischwesen, Furcht vor Zorn Gottes; Tiere allein Werkzeuge der Sünde
- *sodomia* als weit gefasster Begriff
- Zoophilie heute: Interessensvertretungen, Foren, Blogs (tlovers.info, zeta.de); Reform des Tierschutzgesetzes

4. Diskussion

1. Nehmen Tiere menschliche Eigenschaften an?
2. Ist es möglich – wie Virginia Woolf es getan hat – eine Biographie aus Sicht eines Hundes/ Tieres zu schreiben?

5. Literatur

- Baranzke, Heike: Eine kurze Ideengeschichte der Tierliebe. Die Care-/Kehrseite abendländischer Biopolitik, in: Böhme, Hartmut (Hg.): Tiere. Eine andere Anthropologie, Köln 2004, S. 283-300.
- Buchner-Fuhs, Jutta: Das Tier als Freund. Überlegungen zur Gefühlsgeschichte im 19. Jh., in: Münch, Peter (Hg.): Tiere und Menschen. Geschichte und Aktualität eines prekären Verhältnisses, Paderborn 1999².
- Dinzelbacher, Peter: Mensch und Tier in der Geschichte Europas, Stuttgart 2000.
- Hehenberger, Susanne: Animalische Triebe: Sodomie vor Gericht im frühneuzeitlichen Österreich, in: Brantz, Dorothee (Hg.): Tierische Geschichte. Die Beziehung von Mensch und Tier in der Kultur der Moderne. Paderborn/München 2010, S. 203-226.
- Kunzmann, Peter: Die Würde des Tieres - Zwischen Leerformel und Prinzip, Angewandte Ethik 7, Freiburg 2007.a

5. Literatur

- Martenstein, Harald: Die dressierte Versuchung. Tiere in der Werbung, in: Geo, Heft 10 (1995), S. 66-78.
- Mitchell, Robert: Wie wir Tiere betrachten. Der Anthropomorphismus und seine Kritiker, Brantz, Dorothee (Hg.): Tierische Geschichte. Die Beziehung von Mensch und Tier in der Kultur der Moderne. Paderborn/München 2010, S. 341-363.
- Otterstedt, Carola: Mensch und Tier im Dialog. Kommunikation und artgerechter Umgang mit Haus- und Nutztieren. Methoden der tiergestützten Arbeit und Therapie, Stuttgart 2007.
- Wöbse, Anna-Katharina/ Roscher, Mieke: Zootiere während des zweiten Weltkriegs: London und Berlin1939-1945, in: Krebber, André/ Roscher-Mieke: Tiere, Werkstattgeschichte 56, Essen 2011, S. 46-62.
- Wulf, Christoph: Einführung: Wozu dienen Tiere? Zur Anthropologie der Tiere, in: Böhme, Hartmut (Hg.): Tiere. Eine andere Anthropologie. Köln 2004, S. 161-168.
- Vernooij, Monika A./ Schneider, Silke: Handbuch der tiergestützten Intervention. Grundlagen - Konzepte - Praxisfelder, Wiebelsheim 2008.

Internetquellen

- http://www.awu.de/magazin/werbegeschichten/mit_tieren_werben.php, aufgerufen am 10.01.13.
- http://www.tierimrecht.org/de/PDF_Files_gesammelt/Zoophilie-Studie1042005neue_fussnote.pdf, aufgerufen am 10.01.13.
- http://visuellblog.blogspot.fr/2012/02/die-tierische-kampagne-in-deutschland.html, aufgerufen am 12.01.13.
- http://de.statista.com/statistik/daten/studie/30157/umfrage/anzahl-der-haustiere-in-deutschen-haushalten-seit-2008/, aufgerufen am 12.01.13.
- http://www.ergo-wolff.de/files/mensch-tier-beziehung.pdf, aufgerufen am 12.01.13.

Bildquellen

- Abb. 2: http://www.anubistierbestattungen.de/components/com_jshopping/files/img_products/full_fcea5dd1f3ba32ae171a37ae6c7d18c3.png
- Abb. 3: http://www.tierfriedhof-allgaeu.de/Exklusivgraber/Tierfriedhof_Ex_6/tierfriedhof_ex_6.html
- Abb. 4: http://www.anubis-tierbestattungen.de/produkte-urnen/product/view/5/8
- Abb. 5: http://www.anubis-tierbestattungen.de/produkte-urnen/product/view/12/306
- Abb. 6: http://whitediary.de/wp-content/uploads/2009/06/bild-23.png
- Abb. 7: http://www.schwarzwaelder-bote.de/media.media.b02880f3-78c2-4ac3-ae8b-fbefc99567fb.normalized
- Abb. 8: http://www.fotos.peta.de/details.php?image_id=1491&sessionid=3878e96f4c00f084509be428b2bc59f1
- Abb. 9: http://www.lagerverkaufsmode.de/wp-content/uploads/2009/09/jackwolfskin.gif

Bildquellen

- Abb. 10: http://www.unitednetworker.com/2012/02/26/daniela-katzenberger-prasentiert-eigene-bad-accessoires/
- Abb. 11: http://www.lagerverkaufsmode.de/wp-content/uploads/2009/09/jackwolfskin.gif
- Abb. 12: http://creativeoverflow.net/30-famous-animal-logos/
- Abb. 13: http://www.hgv-st-georgen.de/hgv-haas-alte-eule/alte-eule.gif
- Abb. 16: http://www.firmenpresse.de/pressinfo237747.html
- Abb. 17: http://www.kybeline.com/2008/08/09/islamische-sodomie/
- Abb.18: http://imalbum.aufeminin.com/album/D20081113/489816_TWPQFCAZ32SF4LR48LWLH3W8YSJC2N_leda-und-der-schwan_H012553_L.jpg
- Abb. 19: http://www.kunstundkosmos.de/Bildende-Kunst/Heidelberg-Gemaelde.html

„Obwohl der Mensch mit der Gabe der Sprache gesegnet ist, nutzt er sie zum großen Teil ohne Sinn und falsch.

Tiere haben nur eine reduzierte Sprache, setzen sie aber nützlich und ehrlich ein, und ein geringeres aber wahres Wissen ist besser als eine große Lüge."

– Leonardo da Vinci (Notizbücher, um 1500)